CCSS **Género** Fantasía

¿? Pregunta esencial
¿Cómo es el lugar donde vives?

¡Vamos, Pepa!

Nélida Montes
ilustrado por Juana Martínez Neal

LECTURA COMPLEMENTARIA ¿Y tú?.................13

Ema y Pepa van de paseo.

Ema baja.

Pepa la ayuda.

—¡Mira, Ema! Eso que veo me gusta —dice Pepa.

—Este es para mí, Pepa. ¡Es muy mono! —dice Ema.

—Y este me gusta para mí —dice Pepa.

—¿Vamos de paseo al parque? —dice Ema.

Pepa mira el mapa. Ema la ayuda.

—¿A dónde vamos, Pepa?

Pepa y Ema van de paseo en un poni.

A Ema le gusta el poni.

—¡Mira, Ema! Pan y papa —dice Pepa.

—¡Vamos! —dice Ema.

10

Pepa come papa.

Ema come pan.
¡Mmmmm!

Respuesta a la lectura

Volver a contar

Vuelve a contar detalles de ¡Vamos, Pepa! con tus propias palabras.

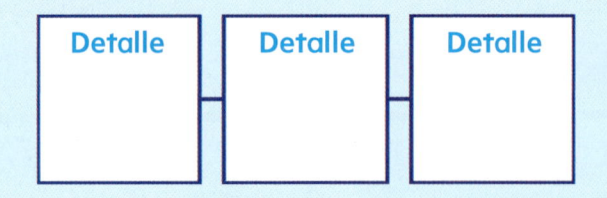

| Detalle | Detalle | Detalle |

Evidencia en el texto

1. Mira la página 4. ¿Adónde van Ema y Pepa primero? **Detalles clave**

2. Mira la página 7. ¿A dónde van Ema y Pepa ahora? **Detalles clave**

3. ¿Cómo sabes que ¡Vamos, Pepa! es un cuento de fantasía? **Género**

CCSS **Género** No ficción

Compara los textos
Lee sobre los lugares donde estudian, juegan y viven otros niños.

¿Y tú?

Aquí voy a la escuela.
¿A dónde vas tú?

Aquí es donde juego.
¿Dónde juegas tú?

Aquí es donde vivo.
¿Dónde vives tú?

Haz conexiones

¿En qué se parecen los lugares de ¿Y tú? y los de ¡Vamos, Pepa!? ¿En qué se diferencian? El texto y otros textos

Enfoque: Estudios Sociales

Propósito Comentar dibujos de nuestra casa

Paso a paso

Paso 1 Haz un dibujo de la parte de afuera de tu casa.

Paso 2 Haz un dibujo de uno de los cuartos de tu casa.

Paso 3 Rotula tus dibujos. Coméntalos con tus compañeros.